흔들리는 세상에서 중심을 지키는 시의 기술

마음의 주인이 되는 길

공병영 지음

마음의 주인이 되는 길

초판 1쇄 발행 2025년 10월 1일

지은이	공병영
발행인	권선복
편 집	한영미
디자인	서보미
마케팅	권보송
전자책	서보미
발행처	도서출판 행복에너지
출판등록	제315-2011-000035호
주 소	(157-010) 서울특별시 강서구 화곡로 232
전 화	0505-613-6133, 010-3267-6277
팩 스	0303-0799-1560
홈페이지	www.happybook.or.kr
이메일	ksbdata@daum.net

값 17,000원
ISBN 979-11-994420-0-9 (03810)

Copyright ⓒ 공병영, 2025

* 이 책은 저작권법에 따라 보호받는 저작물이므로 무단전재와 무단복제를 금지하며, 이 책의 내용을 전부 또는 일부를 이용하시려면 반드시 저작권자와 <도서출판 행복에너지>의 서면 동의를 받아야 합니다.

도서출판 행복에너지는 독자 여러분의 아이디어와 원고 투고를 기다립니다. 책으로 만들기를 원하는 콘텐츠가 있으신 분은 이메일이나 홈페이지를 통해 간단한 기획서와 기획 의도, 연락처 등을 보내주십시오. 행복에너지의 문은 언제나 활짝 열려 있습니다.

흔들리는 세상에서 중심을 지키는 시의 기술

마음의 주인이 되는 길

공병영 지음

"
흔들려도 괜찮습니다.
다시 중심을 찾는 당신은 이미
깨어 있는 존재입니다.
"

서문

마음의 주인이 되는 길을 걷는 이에게

이 시집은 내 삶의 굽이마다 피어난 고백이며,
절망 속에서도 놓지 않았던 작은 숨결이다.

한때는 세상이라는 강물에 휩쓸려
'나'라는 중심조차 잃어버린 적이 있었고,
분노와 상처, 욕망과 체면에
나 아닌 것들에 끌려다니기도 했다.

그러나
돌아보니
정말 중요한 것은
밖이 아니라
언제나 내 안에 있었다.

마음을 닦고,
스스로를 들여다보며,
조용히 나의 주인이 되어가는 여정.
그 길 위에서 마주한 순간들을
나는 시로 남겼다.

이 시집은
당신에게 건네는 작은 등불이다.
이 글을 읽는 당신 또한
자신 안의 고요한 주인을 만나기를,
그리하여 삶의 방향을
밖이 아닌 안에서부터 찾게 되기를
진심으로 기도한다.

프롤로그

길 위에 선 나에게

사람은 누구나 자기 삶을 살고 있다고 믿는다.
하지만 가만히 돌아보면,
우리는 얼마나 많은 순간을
남의 시선과 기준에 기대어 살아왔던가.
승진이라는 이름의 계단을 오르기 위해,
보직이라는 껍질을 쓰기 위해,
자존심과 체면이라는 무게를 어깨에 짊어진 채,
나는 '내 삶'이 아니라
'누군가의 기대' 속에서 살아가고 있었다.
그것은 진짜 내가 아니었다.
세상의 잣대와 타인의 욕망이 만든
'가짜 나(假我)'였다.

1980년, 나는 고시의 문을 두드렸다.
그 문을 열면 인생이 바뀔 줄 알았다.
그러나 열고 또 열어도, 되돌아온 건
끝없는 낙방과 절망뿐이었다.
밤이 깊어도 잠들 수 없었고,
아침이 와도 마음은 여전히 어두웠다.
얼굴은 시들고, 몸은 야위어 갔으며,
가슴속엔 분노만이 남아 있었다.

그러던 어느 날,
마지막 시험을 치르러 가던 택시 안.
야멸차고 거친 말투의 기사 앞에서
내 안의 감정이 크게 요동쳤다.
그런데 놀랍게도,
나는 나도 모르게 스스로를 다스리고 있었다.
그리고 그 순간, 작지만 깊은 진리를 깨달았다.
"마음은, 진심으로 먼저 투자한 만큼 반응한다."
그 깨달음은 내 삶의 전환점이 되었다.
그러나 삶은 단번에 달라지지 않았다.
절실함이 불타올랐지만,

다시 외적 성공과 자존심의 유혹 속으로 들어갔다.
성공은 달콤한 거짓 평화를 주었고,
나는 또다시 내 마음의 주인을 잃고 말았다.

그 무렵, 나는 '마음공부'라는 길과 마주했다.
처음엔 낯설었고, 가볍게 여겼다.
하지만 곧 알게 되었다.
진짜 공부는 지식을 채우는 일이 아니라,
나 자신을 마주하는 일이라는 것을.
'마음의 주인'이 된다는 것.
그건 거창한 철학이 아니었다.
매 순간의 감정을 들여다보고,
무의식의 흐름을 바라보며,
조용히 나에게 묻는 일.
"지금, 이 마음은 누구의 것인가?"
"나는 정말 나답게 살고 있는가?"

이 시집은 그 물음들에 대한
한 사람의 대답이다.
화려한 성공보다 더 소중했던 실패의 순간들,

포기하지 않고 다시 일어섰던 절실한 날들,
웃음보다 뜨거웠던 눈물의 시간이
시가 되어 한 편, 한 편 모였다.

나는 이 시들 속에서 나를 다시 발견했다.
그리고 지금, 이 길 위에 선 당신에게
그 마음을 조심스레 건넨다.
마음공부는 정해진 길이 아니다.
정답도 없다. 그러나 누구에게나 열려 있다.
지금, 여기서부터 자신의 마음을 바라보고,
그 안에서 길을 찾는 것.
그것이야말로 진정한 자유와 평화,
그리고 기쁨으로 가는
마음의 주인이 되는 길이다.

2025년 9월

공 병 영

추천사

"마음의 주인이 되는 길,
그것은 곧 인간완성의 길입니다."

이기우 | 국학원장 (전 경인방송 대표, 인천재능대 총장, 교육부차관)

우리는 시대의 소음 속에서 너무도 쉽게 자신을 잃고 살아갑니다.
진짜 내가 누구인지 묻기도 전에, 세상이 정해놓은 기준에 따라 하루하루를 소모하며 살아가고 있습니다.
이 시집은 그러한 현대인들에게 조용한 울림으로 다가옵니다.

저자 공병영 총장은 치열한 삶의 현장에서 마음공부를 실천해 오셨고, 그 여정을 통해 무너짐 속에서도 다시 일어나는 인간의 위대함을 노래하셨습니다.
한 편 한 편의 시에는 깨달음의 순간과 참회의 눈물,

그리고 진심 어린 고백이 깃들어 있습니다.
그 모든 문장은 '나 자신으로 돌아오는 길'에 대한 깊고도 정직한 안내서입니다.

국학원은 오랫동안 홍익인간 정신과 인간완성의 철학을 전해온 기관입니다.
그런 의미에서 이 시집은 단순한 문학작품을 넘어, 우리 민족이 잃어버린 정신문화의 복원이자 인성회복의 지표가 되는 귀한 메시지입니다.

이 책을 읽는 모든 분들이 외부의 혼란 속에서도 흔들리지 않는 '자기 자신'이라는 중심에 단단히 서게 되기를 바랍니다. 그것이야말로 우리가 가야 할 인간완성의 길이며, 더불어 사는 지구공동체로 향하는 첫걸음이 될 것입니다.

추천사

"깊은 성찰의 길 위에서 건네는
시 한 편의 위로"

변창구 | 경희사이버대학교 총장(전 서울대 부총장)

위 시집은 공병영 총장이 살아오며 깨달은 통찰을, 간결한 시어로 풀어낸 소중한 기록입니다.
19세기 미국의 초월주의 작가 헨리 데이빗 소로우는 자전적 성찰 에세이집 『월든』으로 유명합니다.
그는 자신이 월든 숲으로 들어온 이유를 "의식적으로 살기 위해(live deliberately)"라고 말했습니다.
대부분의 사람들처럼 그도 사회적 관습과 타인의 시선에 구속되어 타성에 젖어 살아왔습니다. 이제 자연 속에서 지금에 충실하며 삶의 방향성을 잃지 않고 성찰하며 살아가고자 한 소로우의 성찰 기록입니다.
위 시집의 저자 공병영 총장은 공직자로서의 긴 여정을 회상하면서, 대부분의 우리들처럼 '남의 시선과 기준'에 기대어 살아왔음을 반성합니다.
저자는 이러한 '가짜 나(假我)'에서 벗어나 진정한 자유와 평화를 되찾아 마음의 주인이 되는 '의식적인 삶'의 당위성을 단아한 시구들을 통해 표현합니다.
나답게 살고자 하는 작가의 여정과 용기가 너무나 아름답습니다.

공병영 총장의 성찰은 별 고민 없이 다람쥐 쳇바퀴처럼 하루를 지내는 우리들의 일상에 죽비를 내려칩니다. '나는 누구인가?' '어떻게 살아야 하는가?'를 고민하며 삶의 주체를 회복하는 용기를 가져보라고 이 시집은 권하고 있습니다.
작품들은 화려하거나 과장되지 않습니다.
담백하고 진심 어린 울림 속에 '진짜 나'로 나아가는 길을 함께 물어야 한다고 제안합니다.

마음공부의 진정한 가치는 앎보다 실천에 있음을 이 시집은 조용히, 자애롭게, 그러나 '단디' 일깨워 줍니다.
단아한 시구들을 감상하며 의식적인 삶을 위한 마음공부를 실천하시기 바랍니다.

추천사

"내면을 따라 걷는 자,
그가 곧 시인이다"

이재영 | 서울대학교 영어영문학과 교수(전 서울대 인문대학장)

공병영 총장은 서울대학교에서 함께 근무하던 시절부터 깊이 있는 통찰과 따뜻한 마음을 지닌 분이었습니다. 행정가이자 교육자였던 그가 이제, 시인의 언어로 삶을 다시 써 내려간다는 소식에 기쁜 마음으로 이 시집을 펼쳤습니다.

『마음의 주인이 되는 길』은 자신을 바라보고, 자신을 넘어서려는 한 인간의 조용한 내면적 여정입니다.
이 시집은 화려한 수사보다도, 삶의 고비에서 길어 올린 단순하고 깊은 문장으로 우리의 마음을 정직하게 두드려 줍니다.

시를 읽다 보면, 말보다 침묵이 더 크고, 지식보다 성찰이 더 귀하다는 사실을 새삼 깨닫게 됩니다.

공 총장의 시는 이론이 아닌 체험에서 나온 문장들이며, 마음을 닦고자 하는 사람에게는 따뜻한 동행이 되고, 한 줄 한 줄 시행을 곱씹는 이에게는 잔잔한 울림이 됩니다.

모든 시는 결국 '자기 자신에게 가는 길'입니다.
공 총장이 그랬듯이, 독자들도 이 시를 통해 자신만의 내면의 길을 만나게 되기를 진심으로 바랍니다.

Contents

서문 마음의 주인이 되는 길을 걷는 이에게　　　　　004
프롤로그 "길 위에 선 나에게"　　　　　　　　　　　006
추천사　　　　　　　　　　　　　　　　　　　　　010

제1장
내면의 등불을 따라

깨달음은 속삭이듯 다가온다　　　　　　　　　　　024
참나는 고요 속에 있다　　　　　　　　　　　　　　026
나답게 살아서, 더욱 빛난다　　　　　　　　　　　　028
마음의 중심에 닿을 때　　　　　　　　　　　　　　030
실수라는 선물　　　　　　　　　　　　　　　　　　032
내면의 길을 걷다　　　　　　　　　　　　　　　　034

나로 돌아오는 길　　　　　　　　　　　　　　　　036
나는 몸에 잠시 머문 나그네　　　　　　　　　　　　038
허상 위에 피는 진심　　　　　　　　　　　　　　　040
사라짐, 그 너머의 탄생　　　　　　　　　　　　　　042
다시 태어나는 나　　　　　　　　　　　　　　　　044
의식을 켜다　　　　　　　　　　　　　　　　　　　046

제2장

비움의 미학을 배우다

떠나보내는 연습　　　　　　　　　　050
비움의 자유　　　　　　　　　　　　052
낙방의 미학　　　　　　　　　　　　054
잠시 멈춤의 지혜　　　　　　　　　　056
결핍의 선물　　　　　　　　　　　　058
비움의 충만　　　　　　　　　　　　060

놓아준 자리에서　　　　　　　　　　062
머물러 있지 않는 것들　　　　　　　064
비움의 자리　　　　　　　　　　　　066
마음 내려놓기　　　　　　　　　　　068
비움이 남긴 것　　　　　　　　　　　070
가짐보다 내려놓음　　　　　　　　　072

제3장

행복을 마주하는 법

행복은 어디쯤	076
참으로 행복한 사람	078
일상의 즐거움	080
여유는 마음에서 피어난다	082
행복은 가까이 있어요	084
행복은 선택입니다	086
지금, 여기	088
천국이 어디 있나요	090
소박하게, 가볍게, 행복하게	092
행복은 비교가 아닌 감사에서 온다	094
인생을 내려다보는 눈	096
존재하는 것만으로 충분하다	098

감사의 기적을 느끼다

제4장

감사라는 말의 기적	102
비로소 보이는 것들	104
무조건 감사하라	106
매일 새벽에	108
삶의 여유	110
감사의 등불	112
감사는 선택이 아니라 태도다	114
가장 먼저 나에게	116
되돌아보면	118
감사는 사라지지 않는 소유다	120
감사는 삶의 방향이다	122
감옥을 수도원으로	124

제5장

사람이 길이다

인연이라는 기적	128
허물 너머의 진심	130
인연의 길 위에서	132
오늘 내게 온 당신	134
나는 없고, 인연만 있다	136
생명	138
오늘의 다짐	140
다름을 껴안을 때	142
함께여서 다행입니다	144
우리에게 가장 소중한 것은	146
이 세상에 공짜는 없다	148
신인류의 노래	150

제6장
마음의 품격을 닦다

무릎을 꿇을 수 있는 용기	154
진짜 적은 내 안에 있다	156
사람의 품격	158
정직한 마음	160
이름 없이 빛나는 삶	162
남에게 잘해라	164
절실함은 겸손에서 피어난다	166
스스로를 칭찬하라	168
사람다움을 지키는 기술	170
공생의 길	172
마음의 자리	174
조용한 위대함	176
에필로그 "흔들려도 괜찮다. 중심을 찾는 너는 아름답다"	178
출간후기	182

모든 시작은 '나를 아는 것'에서 비롯된다.
삶의 고통은 피할 수 없지만,
그 고통 속에서 나를 마주한 순간
깨달음은 말없이 스며든다.
이 장의 시들은
삶의 본질과 마주하는
고요한 성찰의 시간이다.

"나는 누구인가?"
그 물음 하나가
나를 흔들고, 마침내 진짜 나를 깨운다.

제1장

내면의 등불을
따라

깨달음은 속삭이듯 다가온다

"나는 누구인가"
그 물음이 마음 깊은 곳에 닿을 때
고통은 문이 되고
절망은 걸어야 할 길이 된다.

깨달음은
천둥처럼 요란하게 오지 않는다.
세도나의 바람처럼,
송정의 파도처럼,
소리 없이, 그러나 선명하게 스며든다.

타오르던 분노는
침묵 속에서 가라앉고
억눌렀던 욕망의 그림자도
고요한 숨결 속에 제 얼굴을 드러낸다.

그제야 나는
비로소 나를 바라본다.

많이 안다는 건
귀를 닫는 일일 수도 있다.
진짜 안다는 건
끊임없이 배우려는 마음이다.

자기 안에서
자신을 만난 사람만이
비로소 사람으로 다시 태어난다.

> 해설   깨달음은 요란하게 오지 않는다.
> 자신을 바라보는 고요한 순간에 비로소 찾아온다.

참나는 고요 속에 있다

참나는
혼란 속에서 드러나지 않는다.

소란한 마음,
쉴 새 없이 오가는 감정들 속에서는
참된 나를 만날 수 없다.

진짜 나는
고요 속에서 비로소 빛난다.

말을 멈추고,
욕심을 멈추고,
비교를 멈춘 그 자리

침묵이 머무는 그 한가운데
참나는 조용히 깨어 있다.

마음이 잔잔해질수록
나는 더욱 선명해진다.

진실한 나,
그 존재는 언제나
고요 속에 숨어 있다.

해설   참된 자아는 외부가 아닌 내면의 고요함 속에 있다.
       고요 속에서 진짜 내가 모습을 드러낸다.

나답게 살아서, 더욱 빛난다

누군가를 따라가느라
내 속의 나를 잃었던 날들.

더 잘 보이려고,
더 인정받으려고,
나는 참 많이도 꾸며댔다.

그러나 꾸민 나로는
아무리 애써도 빛나지 않았다.

있는 그대로의 내가
조용히 웃을 때,
세상은 처음으로
나를 진심으로 바라보았다.

나답게 살기로 했다.
어설퍼도,
모자라도,
흠이 있어도
그게 진짜 나니까.

가장 나다운 순간,
나는 가장 밝게 빛난다.

해설   남과 비교하며 꾸민 삶은 빛날 수 없다.
       있는 그대로의 나일 때, 진짜 빛이 난다.

마음의 중심에 닿을 때

마음은
겉으로는 멀쩡해 보여도
속은 한없이 흔들릴 수 있다.

한마디 말에,
한 줄기 시선에,
아무 일 아닌 순간에도
가슴이 내려앉는다.

그럴 때일수록
바깥이 아니라
안으로 향해야 한다.

깊이 숨을 들이쉬고,
가장 고요한 자리에 닿을 때

나는 비로소
흔들리지 않는
나를 만난다.

마음의 중심은
밖에 있는 것이 아니라
언제나 내 안에 있다.

해설	불안한 세상 속에서 흔들림을 멈추는 길은 바깥이 아니라 내면의 중심에 닿는 일이다.

실수라는 선물

넘어질까 봐 걱정하며
아예 걷지 않던 날들이 있었다.

그러다 한 번 넘어지고 나서야
비로소 길이 보이기 시작했다.

실수는 나를
부끄럽게도 만들었지만,
더 단단하게도 만들었다.

그날의 상처가
오늘의 나를 일으킨다.

어릴 적엔
완벽한 사람을 꿈꿨고,
지금은 실수에서 배우는
사람이 되고 싶다.

넘어진 사람만이
일어서는 법을 안다.

실수는 나를 낮추고
삶을 깊게 한다.

그래서 실수는
내게 온 뜻밖의 선물이다.

해설   실수는 실패가 아니라 성장의 문이다.
          넘어진 자리에서 우리는 더 깊은 사람이 되어간다.

내면의 길을 걷다

수많은 실패 뒤에야
진심으로 묻기 시작했다.
"진짜 나는 누구인가?"

분노를 삼키고 나니
삶은 조용히 내게 다가와
마음 깊은 곳에서 응답했다.

겉으론 가진 게 많았지만
마음은 늘 텅 비어 있었다.
평화는 멀리 있었다.

그러다 어느 날
마음공부를 만났다.
그건 우연이 아닌,
삶이 내게 건넨 운명이었다.

이제는
세상의 기준이 아닌
내 안의 소리에 따라 걷는다.

하루하루 마음을 닦으며
조용히, 그러나 단단하게
진짜 나를 찾아간다.

> 해설 진짜 길은 바깥이 아니라 내 안에 있다.
> 　　　내면의 길은 잃어버린 나를 되찾는 여정이다.

나로 돌아오는 길

살면서 나는
수없이 길을 나섰다.

누군가의 인정,
세상의 기준,
성공이라는 목적지를 향해

그러다 문득,
길을 잃었다는 걸 깨달았다.

앞만 보고 달려온 끝에
내 안엔 내가 없었다.

그제야 나는
되돌아가는 법을 배우기 시작했다.

멈추고, 돌아보고,
조용히 내 마음의 문을 두드리며
한 걸음씩
나에게로 걸어갔다.

쉽진 않았다.
낯설고 어색한 길이었다.
하지만 이상하게도
익숙했다.

그 길 끝에서
나는 잃어버렸던
진짜 나를 다시 만났다.

해설　세상의 기준을 좇다 길을 잃었을지라도
　　　언제든 나에게로 돌아오는 길은 있다.

나는 몸에 잠시 머문 나그네

나는 누구인가.
몸인가, 마음인가,
혹은 그 너머의 어떤 존재인가.

삶이란
하루하루를 살아가는 일이지만,
사실은
하루하루를 떠나는 여정이기도 하다.

이 몸도, 이 이름도
언젠가는 두고 가야 할 옷.

나는 그저
몸이라는 집에 잠시 머문
나그네일 뿐이다.

지금 여기서
무엇을 보았고,
무엇을 느꼈으며,
무엇을 나누었는가.

그 흔적만이
영혼에 남아
다음 여정을 밝혀준다.

나는
이 몸에 깃든 한 줌의 빛으로,
오늘을 조용히 살아간다.

> 해설　몸은 잠시 머무는 집일 뿐,
> 　　　우리는 빛과 의식의 나그네로 이 세상을 지나간다.

허상 위에 피는 진심

나는
남이 기대하는 모습으로 살아왔다.

잘난 척도 했고,
괜찮은 척도 했고,
모른 척도 많이 했다.

그렇게 지켜온 건
진짜 나가 아니라
가짜로 만든 나였다.

겉은 웃고 있었지만
속은 늘 텅 비어 있었고,
사람들 사이에 있어도
혼자인 듯 허전했다.

그때 알았다.
진심 없이 사는 건
살아 있는 게 아니라
연기하는 거라는 걸.

가면을 벗어야
비로소 얼굴이 드러나고,

허상을 버려야
진짜 마음이 피어난다.

진심은 늘
가장 깊은 곳에서
나를 기다리고 있었다.

해설 가짜 나를 벗어낼 때 비로소 진심이 피어난다.
       허상을 걷어내야 진짜 내가 보인다.

사라짐, 그 너머의 탄생

파도가 말한다.
"나는 바다와 다르다"고
그러나 바다는 웃는다.
"너는 잠시인 나일 뿐"

세포가 외친다.
"나는 살아 있다"고
그러나 몸은 말한다.
"너는 나의 한때일 뿐"

나는 생각한다.
"이것이 나다"라고
그러나 우주는 말없이
그 생각마저 거품이라 한다.

별들은 피어나고
별들은 사라진다.
그 가운데 나는
빛조차 닿지 않는 점 하나

내가 나라고 믿는 마음,
그 마음마저
조건 위에 선 허상임을
깨달은 날

나는 사라졌고,
텅 빈 그 자리에
우주가 고요히 피어났다.

| 해설 | '나'라는 생각조차 사라질 때 비로소 우주가 내 안에 피어난다. |

다시 태어나는 나

누군가
나를 알아주길
기다리던 시간이 있었다.

하지만 삶은
기다림이 아니라
내가 나를 찢고 나오는 일이었다.

참된 나는
남들이 만들어주지 않았다.

고통 속에서 깨어났고
침묵 속에서 다시 태어났다.

나는 매일
어제의 나를 넘어서며
신생의 나로 거듭난다.

정신은 선택의 순간마다
새로 태어난다.

지금 이 순간에도
나는 나를 낳고 있다.

해설   진짜 나로 다시 태어나는 길은
       남이 아닌 내가 나를 선택하는 순간에 시작된다.

의식을 켜다

눈뜨자마자
스마트폰은 켰지만
의식은 여전히
잠들어 있었다.

알림 속에 갇혀
나는 나를
잃어갔다.

그러던 어느 날
빛 하나가 내 안을 꿰뚫고
차크라가 열렸다.

그때, 처음으로
진짜 나를 보았다.
브레인폰이 켜진 것이다.

스마트폰은
세상과의 연결이고,
브레인폰은
나와의 연결이다.

진리는
밖이 아닌
내 안에 있었다.

브레인폰을 켜라.
그것이 깨어남이며,
신인류의 시작이다.

> 해설　외부 자극에 잠식된 의식에서 벗어나
> 　　　참된 자각은 내면의 브레인폰을 켜는 일이다.

마음은 가득 찰수록 고요를 잃는다.
내려놓는 그 순간,
비로소 자유는 시작된다.

이 장은 욕망과 집착의 무게에서 벗어나,
단순함과 가벼움으로 가는 길을 노래한다.

"덜어낼수록, 나는 더 선명해진다."

제2장

비움의 미학을
배우다

떠나보내는 연습

붙잡고 싶었던 마음을
조용히 내려놓는 법을 배운다.

아무리 사랑해도,
머무를 수 없는 것이 있고

아무리 소중해도,
잡을 수 없는 것이 있다.

손에 꼭 쥐고 있던 기억들도,
가슴에 묻어둔 사람도
이젠 보내줄 때가 되었다.

떠나보내는 건
잊는 일이 아니라
다시 흐르게 하는 일이다.

흘려보내야
비로소 나도 흐를 수 있다.

그래서 나는
오늘도 연습한다.

놓는 법을,
보내는 법을,

조금은 아픈 마음으로,
조금은 가벼운 숨으로.

해설　떠나보낸다는 건 잊는 게 아니라
　　　다시 흐르게 하는 일이다.

비움의 자유

채우는 것만이
능사는 아니었다.

가지고 싶고,
이루고 싶고,
남기고 싶었던 마음들이
오히려 나를 묶고 있었다.

그러다 어느 날,
문득 내려놓고 나니
마음이 가벼워졌다.

버린 게 아니라,
나를 되찾은 것이었다.

비움은
잃는 게 아니라
돌아오는 길이다.

덜어낼수록
나는 더 자유로워진다.

해설　비움은 잃는 것이 아니라 나를 되찾는 일이다.
　　　덜어낼수록 진짜 자유가 찾아온다.

낙방의 미학

붙잡고 싶었던 자리는
번번이 내 것이 아니었다.

간절했던 꿈,
수없이 문을 두드렸지만
끝내 열리지 않던 날들.

처음엔 스스로를 탓했고,
이후엔 세상을 원망했다.

그러나 시간이 흐르고
그 길을 다시 돌아보니

낙방은
실패가 아니라
나를 내려놓는 연습이었다.

자만은 꺾였고,
겸손은 자라났으며,
사람을 이해하는 눈이 깊어졌다.

오르지 못한 계단 아래에서
나는
사람이 되었다.

> 해설   낙방은 실패가 아니라 겸손을 배우는 기회다.
> 오르지 못한 자리에 진짜 내가 피어난다.

잠시 멈춤의 지혜

멈춘다는 건
포기하는 게 아니다.

잠시 숨 고르며
나를 돌아보는 일이다.

빨리 가는 것이
늘 잘 가는 건 아니고,
계속 가는 것이
늘 바른 길은 아니다.

잠시 멈출 줄 아는 사람만이
자신의 중심을 지킬 수 있다.

길을 잃었다고 느낄 때마다
나는 멈춰 서서
내 안의 목소리를 듣는다.

조용한 그 자리에
진짜 길이 있다.

> 해설　멈춤은 실패가 아니라 중심을 회복하는 지혜다.
> 　　　잠시 멈출 줄 알 때, 비로소 진짜 길이 보인다.

결핍의 선물

없는 게 많았다.
가진 것도,
이룬 것도
남보다 부족했다.

그래서 더 애썼고,
더 절실했고,
더 깊이 바라보게 되었다.

결핍은
나를 작게 만든 것이 아니라
오히려 단단하게 키워냈다.

넘치지 않아
비로소 소중함을 알게 되었고,

채워지지 않아
비로소 감사가 시작되었다.

그제야 알았다.
결핍은 약점이 아니라
삶이 내게 준
가장 깊은 선물이었다.

해설   결핍은 약점이 아니라 성장을 위한 자극이다.
       부족함은 삶이 우리에게 건네는 가장 깊은 선물이다.

비움의 충만

비운다는 건
비어 있다는 뜻이 아니었다.

무엇을 버렸느냐보다
무엇으로 채워졌느냐가 중요했다.

욕심을 덜어내자
평화가 스며들었고,

불안을 내려놓자
고요가 머물렀다.

지우고 나니
진짜가 드러났고,

덜어내자
진심이 남았다.

텅 빈 듯 보이지만
그 안은 충만했다.

비움은 결국
가장 깊은 채움이었다.

해설   비움은 없애는 일이 아니라 진짜를 남기는 일이다.
      덜어낼수록 마음은 더 충만해진다.

놓아준 자리에서

붙잡고 있을 땐
보이지 않았다.

그토록 애쓰며
놓지 못했던 것들이
사실은
내 마음을 가두고 있었다.

놓아준 건
사라진 게 아니었다.

그제야
나를 둘러싼 풍경이
다시 숨쉬기 시작했다.

바람이 지나가고,
햇살이 머무르며,
내 안에도
작은 숨결이 피어났다.

놓아준 그 자리에서
나는 비로소
살아 있었다.

해설   놓는다고 사라지는 게 아니다.
         비로소 보이고 피어나는 것이 있다.

머물러 있지 않는 것들

꽃은 피고
곧 진다.

바람은 스치고
흔적 없이 사라진다.

기쁨도
슬픔도
머물러 있지 않는다.

흐르는 것이
삶이고,
흘려보내는 것이
마음의 지혜다.

붙잡으려 할수록
마음은 조급해지고,
놓아줄수록
삶은 다시 흐른다.

머물지 않기에
지금 이 순간이
더 소중하다.

해설   모든 것은 흘러가는 법.
       지금 이 순간이 소중한 이유도 거기에 있다.

비움의 자리

바람은
닫힌 창을 피해
작은 틈새로 스며든다.

마음도 그렇다.
가득 차 있으면,
새것이 들어설 자리가 없다.

욕심을 덜어내고,
자격지심을 내려놓고,
불안을 비워냈을 때

비로소
작은 평화 하나가
내 안에 자리를 잡았다.

비움의 자리엔
고요가 머물고,
진심이 뿌리내린다.

그 자리가
곧 나의 중심이었다.

> 해설　비운 자리에 고요와 진심이 들어온다.
> 　　　진짜 중심은 비움 속에서 드러난다.

마음 내려놓기

짐을 내려놓는다고
몸이 가벼워지는 건 아니다.

진짜 무게는
언제나 마음에 있었다.

해야 한다는 의무,
보여줘야 한다는 기대,
놓치면 안 된다는 불안

그 모든 생각들이
내 안을 빽빽이 채우고 있었다.

그걸 내려놓으니
비로소 걸음이 가벼워지고,
숨이 깊어지고,
눈빛이 따뜻해졌다.

삶이 변한 것이 아니라
마음을 내려놓은 나,
그 새로운 내가 달라진 것이다.

해설   삶이 무거운 게 아니라
　　　　마음을 내려놓지 못했던 나였을 뿐이다.

비움이 남긴 것

비우고 나니
모든 게 사라진 줄 알았다.

그러나 시간이 지나
조용히 들여다보니
남은 게 있었다.

한결 가벼워진 숨결,
덜 복잡한 생각,
원망 대신 피어난 감사,
두려움 대신 자리 잡은 평화.

무언가를 얻기보다
잃지 않으려 안간힘 썼던 시간들.

그 모든 애씀 위에
비움이 남긴 선물처럼
조용히 앉아 있는
나 자신을 보았다.

해설	비우고 나면 텅 비는 줄 알았지만 그 자리에 진짜 내가 남아 있었다.

제2장_ 비움의 미학을 배우다

가짐보다 내려놓음

많이 가진 이보다
적게 필요한 이가
진짜 부자다.

우리는
채우려 애쓰지만
비울 때
비로소 자유로워진다.

하늘은 비어 있었고
나는 그 속에서
온전히 채워졌다.

버릴수록 가벼워지고
덜어낼수록 완성된다.

삶은
쌓는 것이 아니라
놓는 법을 배우는 길.

가벼운 마음,
그것이 참된 부다.

> 해설　진짜 부는 많이 가짐이 아니라 덜어냄에서 온다.
> 　　　삶은 비움의 법을 배우는 여정이다.

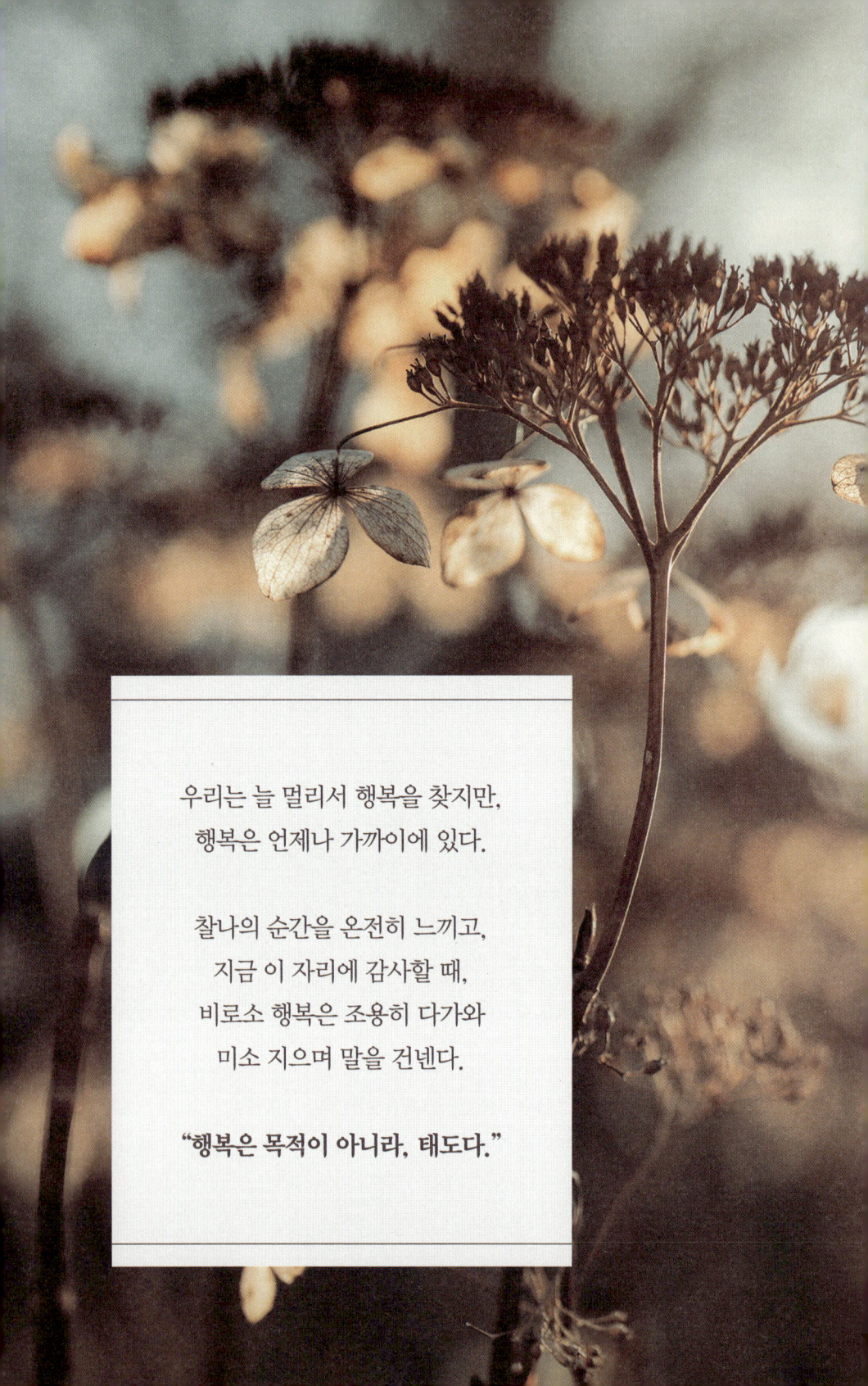

우리는 늘 멀리서 행복을 찾지만,
행복은 언제나 가까이에 있다.

찰나의 순간을 온전히 느끼고,
지금 이 자리에 감사할 때,
비로소 행복은 조용히 다가와
미소 지으며 말을 건넨다.

"행복은 목적이 아니라, 태도다."

제3장

행복을
마주하는 법

행복은 어디쯤

행복은
언제쯤 올까,
어디쯤에 있을까.

돈이 생기면,
일이 잘 풀리면,
몸이 나아지면,

사람들이 날 좋아해 주면
그때쯤일까,
행복이란 건.

하지만
그때가 와도
마음은 또 다른 '그때'를 찾았다.

행복은
저 멀리에 있는 것이 아니라,

지금 이 순간
내가 어떻게 바라보느냐에 달려 있었다.

바라보는 마음이 달라질 때,
행복은
이미 여기 있었다.

> 해설   행복은 조건에 달린 게 아니라
>   지금 이 순간의 마음에서 시작된다.

참으로 행복한 사람

좋은 집에 살아서
행복한 것이 아니다.

많이 가져서,
남들보다 앞서서
행복한 것도 아니다.

마음이 따뜻한 사람,
작은 일에도 감사할 줄 아는 사람,
지금 이 순간을 사랑할 줄 아는 사람

그 사람이
참으로 행복한 사람이다.

비교하지 않고,
탓하지 않고,

바라기보다
베풀 줄 아는 사람.

그 마음이
삶을 따뜻하게 만들고,
그 삶이
행복을 부른다.

해설   행복은 조건이 아니라 마음에서 비롯된다.
        참으로 행복한 사람은 지금을 사랑할 줄 아는 사람이다.

일상의 즐거움

햇살이 따뜻한 아침,
따끈한 커피 한 잔,
창문을 열었을 때 스며드는 바람.

그 모든 순간이
누군가에겐
간절히 바라는 행복이다.

평범해서
놓치고 있었던 것들.
가까이 있어서
소중함을 잊고 살았던 것들.

일상의 작은 즐거움이
쌓이고 쌓여
삶을 빛나게 한다.

크고 특별한 일이 없어도

행복은

충분히 가능하다.

해설　행복은 특별한 사건이 아니라
　　　일상의 소소한 순간에서 피어난다.

여유는 마음에서 피어난다

여유는
시간이 많다고 생기는 게 아니다.

돈이 많다고,
일이 없다고,
여유로운 것도 아니다.

마음이 조급하면
풍경도 답답하고,

마음이 편안하면
고요한 창밖 바람에도
미소가 피어난다.

속도를 늦추는 것,
조금 덜 가지려는 것,
지금 이 순간에 머무는 것

그럴 때
여유는 밖이 아니라
마음 안에서
조용히 피어난다.

해설　　여유는 조건이 아니라 태도다.
　　　　지금 이 순간을 온전히 바라볼 때 마음에서 피어난다.

행복은 가까이 있어요

행복은
멀리 있는 줄 알았습니다.

그래서
한참을 찾아 헤맸습니다.

더 높이 올라가야,
더 많이 가져야,
더 멋져 보여야
행복해질 줄 알았습니다.

그런데 문득
가장 가까운 곳에
행복이 있었습니다.

내 옆에 있는 사람,
따뜻한 밥 한 끼,
걱정 없이 잠든 밤,
조용히 불 켜진 창가.

행복은
언제나
곁에 있었어요.

해설   행복은 멀리 있는 게 아니다.
       가장 가까운 곳에서 조용히 나를 기다리고 있다.

행복은 선택입니다

행복은
일어나는 일이 아니라
내가 내리는 결정이다.

같은 일 앞에서도
누군가는 웃고,
누군가는 울었다.

무엇이 달랐을까?
조건이 아니라
태도가 달랐고,

상황이 아니라
마음의 방향이 달랐다.

행복은

오는 것이 아니라

지금,

내가 선택하는 것이다.

해설	행복은 조건이 아닌 선택이다. 지금 이 순간 내가 마음을 어디로 두느냐에 달렸다.

지금, 여기

행복은
어제 있었던 것도,
내일 올 것도 아니다.

지금,
여기에 있다.

아직 오지 않은 미래를 걱정하고
이미 지나간 과거를 붙들다 보면
행복은
눈앞을 스쳐 지나간다.

숨 쉬는 지금,
눈을 감고 느끼는 이 순간

이 자리가
삶의 전부이고,
이 순간이
행복의 시작이다.

해설   행복은 어제도 아니고 내일도 아니다.
      지금, 여기 깨어 있는 이 순간에 존재한다.

천국이 어디 있나요

천국이
어디 있냐고 물었습니다.

누군가는
죽음 이후의 세상이라 했고,
누군가는
멀고 높은 신의 나라라 했습니다.

하지만 나는
이렇게 대답하고 싶었습니다.

천국은
아침 햇살 아래 피어난 미소,
가만히 손 잡아주는 따뜻한 온기,
누군가의 말 한마디에
마음이 환해지는 순간에 있습니다.

천국은
멀리 있지 않았습니다.

내가 지금,
감사하는 그 마음 안에
이미 있었습니다.

해설   천국은 멀고 특별한 곳이 아니다.
       감사하는 지금 이 마음이 곧 천국이다.

소박하게, 가볍게, 행복하게

복잡하게 살지 않아도
충분히 행복할 수 있다.

소박한 밥상,
따뜻한 말 한마디,
조용한 창밖 풍경에도
기쁨은 피어난다.

무리하지 말고,
비교하지 말고,
스스로를 몰아세우지 말 것.

덜어내고 나면
비로소 가벼워지고,
가벼워진 마음엔
행복이 스며든다.

소박하게 살고,

가볍게 웃고,

조용히 감사하는 삶

그 삶이

곧 행복이다.

해설　행복은 거창한 일이 아니라
　　　소박하고 가벼운 마음에서 피어난다.

행복은 비교가 아닌 감사에서 온다

남과 비교하면
항상 부족해 보인다.

나보다 앞서간 사람,
더 가진 사람,
더 잘나 보이는 사람들 앞에서

마음은 작아지고,
기쁨은 사라진다.

하지만 눈을 돌려
지금 가진 것에
감사를 느끼는 순간
행복은 조용히 다가온다.

비교는
행복을 바깥으로 밀어내고,
감사는
행복을 내 안에 불러온다.

행복은
조건이 아니라
시선에서 시작된다.

해설   행복은 남과의 차이가 아니라
       지금 내 삶에 감사할 줄 아는 마음에서 온다.

인생을 내려다보는 눈

살아갈 땐
매일이 절박하고,
조금만 틀어져도
온 세상이 무너지는 것 같았다.

하지만 시간이 흐르고
멀리서 돌아보면

그토록 아프던 일도
결국은 나를 단련시킨 선물이었고,
그때는 실패 같았던 순간이
지금은 삶의 전환점이 되어 있었다.

조금만 위에서 바라보면
삶은 다르게 보인다.

멀리서,
크게,
낮은 자세로 내려다보는 눈

그 눈을 가진 사람이
진짜 지혜로운 사람이다.

해설　삶을 멀리서, 높이서 바라볼 때
　　　고통도 실패도 모두 지혜가 된다.

존재하는 것만으로 충분하다

잘나지 않아도,
이루지 않아도,
사랑받지 않아도
나는 존재한다.

존재한다는 그 자체가
이미 기적이고,
아무것도 하지 않아도
숨 쉬는 순간마다
삶은 나를 품어준다.

삶은
존재하는 자만이 누릴 수 있는
가장 큰 특권이다.

행복은
무엇이 되는 데서가 아니라
있는 그대로의 나를 받아들이는 순간
시작된다.

해설　행복은 무엇을 이루는 데 있지 않다.
　　　존재 그 자체가 이미 충분한 가치다.

감사는 마음의 등불이다.
어둠 속에서도 감사할 수 있다면,
삶은 다시 숨쉬기 시작한다.

이 장은 평범한 일상에서 피어나는
감사의 언어를 통해
잃어버렸던 마음의 온기를 되찾는 여정이다.

"감사할 줄 아는 마음이,
세상을 다시 빛나게 한다."

제4장

감사의 기적을 느끼다

감사라는 말의 기적

"감사합니다."
그 한마디가
상처를 덮고,
거친 마음을 부드럽게 만들었다.

고맙다는 말이
삶을 바꾸는 시작이었다.

미움보다
감사를 먼저 꺼낼 수 있을 때,
우리는 이미
더 나은 사람이 되어 있었다.

감사는
상대에게 주는 선물이면서
동시에
나를 치유하는 주문이었다.

말은
소리이기 전에
에너지다.

감사의 말을 할 때마다
내 안에서
세상이 바뀌고 있었다.

> 해설　감사는 말이 아니라 에너지다.
> 　　　그 말 한마디가 삶의 진동을 바꾼다.

비로소 보이는 것들

늘 보던 풍경이었는데,
어느 날
눈물이 고인 채 바라보니
새삼 아름다웠다.

사소해 보이던 일들이
이제는
참 고맙게 느껴졌다.

따뜻한 밥 한 끼,
기다려주는 사람,
아무 일도 일어나지 않은 평범한 하루.

예전엔
당연해서 보이지 않았던 것들이
감사의 마음을 품고 나니

하나씩 모습을 드러냈다.

감사는
세상을 바꾸지 않는다.

다만
세상을 바라보는
내 눈을 바꾼다.

해설   감사는 세상을 바꾸는 게 아니라
        세상을 바라보는 눈을 바꾼다.

무조건 감사하라

기쁘면 감사하고,
슬퍼도 감사하라.

잘되면 감사하고,
막혀도 감사하라.

누군가를 원망하고 싶을 때도,
스스로가 초라해질 때도
감사하라.

감사는
삶의 조건을 따지지 않는다.

그저
지금 이 순간을
받아들이는 마음이다.

감사는
상황을 바꾸지는 못해도
마음을 바꾼다.

마음이 바뀌면,
삶은 달라진다.

그러니
무조건 감사하라.

해설	감사는 조건이 아니라 선택이다. 마음을 바꾸는 힘은, 무조건 감사하는 데서 시작된다.

매일 새벽에

매일 새벽,
나는 다시 태어난다.

어제의 고단함을 내려놓고,
새 날의 숨결을 들이마신다.

조용한 어둠 속에서
나도 모르게
감사의 기도가 흐른다.

숨이 붙어 있다는 것,
또 하루를 시작할 수 있다는 것

그 자체가
기적이고
축복이다.

그래서 나는
매일 새벽에
삶을 다시 받아든다.

조용히,
감사함으로.

해설	새벽은 매일 다시 삶을 건네받는 시간이다. 그 시작을 감사로 여는 사람은 매일 새로 태어난다.

삶의 여유

조금 늦게 가도 괜찮다.
조금 모자라도 괜찮다.

삶은
앞서가는 사람이 이기는 경주가 아니라,
끝까지 나답게 가는 길이다.

멈출 줄 아는 사람이
더 멀리 보고,
쉬어갈 줄 아는 사람이
더 오래 견딘다.

욕심을 내려놓고 나니
숨이 깊어졌고,

비교를 멈추고 나니
눈빛이 부드러워졌다.
바쁘게 채운 날보다
조금 비워진 하루가
더 충만하게 느껴진다.

해설   삶의 여유는 속도를 늦추는 데서 온다.
       비워진 날들이 오히려 더 충만하다.

감사의 등불

삶이 어두워질수록
감사는 등불이 되었다.

가는 길이 보이지 않을 때,
사방이 막힌 듯할 때

감사라는 작은 불빛이
내 마음을 비춰주었다.

원망 대신
감사를 붙잡았을 때,

길은 보이지 않아도
걸을 수는 있었다.

감사는
세상을 밝히기 전에
내 마음을 먼저 밝혀주는 빛이었다.

고요히, 그러나 분명히
길을 내주는
내 안의 등불이었다.

해설   감사는 세상을 밝히는 빛이 아니라
　　　먼저 내 마음을 비추는 등불이다.

감사는 선택이 아니라 태도다

감사는
좋을 때만 하는 말이 아니다.

마음이 편할 때만
꺼내는 습관도 아니다.

감사는
삶을 대하는
나의 기본자세,
태도이다.

좋은 일이 생겼을 때는
기쁘게 감사하고,
고된 날이 찾아와도
조용히 감사할 수 있어야 한다.

감사는 상황이 아니라
내가 선택하는 시선,
내가 살아가는 방식이다.

해설　감사는 특별한 순간의 반응이 아니라
　　　삶 전체를 대하는 태도다.

가장 먼저 나에게

힘겨운 날일수록
바깥을 보지 말고
마음 깊은 곳의 불빛을 밝혀라.

남과의 비교는
삶의 고요를 흐리는 파문,
이제는 나에게 귀 기울여라.

장점은 꽃처럼 가꾸고
단점은 뿌리처럼 다져라.

조금은 떨리는 선택 속에
용기가 자라고,
지금의 실천이
내일을 조각한다.

하루 한 번,
나에게 말하자.
"오늘도 잘 살아냈구나."

그리고 가끔은
죽음을 떠올려라.

지금의 호흡이
얼마나 귀한지,
가슴으로 알게 되리니.

지금,
가장 먼저 집중해야 할 사람은
바로 '나'다.

> 해설　삶이 흔들릴수록 나를 먼저 바라보라.
> 　　　내면의 불빛이 꺼지지 않게 지켜주는 것도 나 자신이다.

되돌아보면

앞만 보며 걸을 땐
지나온 길의
고마움을 몰랐다.

돌부리에 걸려
잠시 멈췄을 때
비로소 나는
되돌아보았다.

누가
내 손을 잡아줬는지,
어떤 말이
내 마음을 살렸는지

그 모든 순간이
지금의 나를
조용히 받쳐주고 있었다.

삶은
앞으로 가는 데서
완성되는 것이 아니라,

되돌아보는 그 눈길에
깊어지는 것이다.

> 해설 삶은 앞으로 나아가는 힘만으로 완성되지 않는다.
> 되돌아보는 그 눈길 속에 진짜 깊이가 있다.

감사는 사라지지 않는 소유다

보이지 않아도
마음에 새긴 감사는
지워지지 않는다.

가진 것보다
가지지 못한 것들이
더 오래, 더 깊이
내 안에 남았다.

건넨 말 한마디,
눈빛 하나,
그 짧은 인연이
세월을 건너
내 삶의 빛이 되었다.

감사는
잊힌 줄 알았던 순간도
어느 날 문득
내 안에서 다시 피어난다.

그때는 몰랐던 감동이
시간 속에서
더 커져 돌아온다.

소유는 사라지지만
감사는 자란다.

줄수록 더 빛나는 것
그것이
보이지 않는
영원한 소유다.

해설　감사는 사라지지 않고 마음속에 자란다.
　　　줄수록 커지는 그것이 가장 귀한 소유다.

감사는 삶의 방향이다

길을 잃었다고 느낀 날에도
감사는 나침반이 되어
나를 다시 나에게로 데려온다.

불만에 빠지면
모든 것이 부족해 보이지만,
감사의 눈으로 보면
지금 이 순간도 충분하다.

원망은 삶을 거칠게 하고
감사는 마음을 맑게 한다.
눈빛이 부드러워지고
발걸음엔 바람이 인다.

감사는

삶을 바꾸는 기술이 아니라

삶이 나아갈 자리이자 마음의 북극성이다.

그래서 오늘도

나는 감사하는 쪽으로

마음을 돌린다.

해설 감사는 기술이 아니라 삶의 방향이다.
      불안한 날일수록 마음을 감사 쪽으로 돌려야 한다.

감옥을 수도원으로

세상이 나를 가두었다고
탄식하며 벽을 두드릴 때,
내 안에 켜진 작은 촛불 하나를 보았다.

불평은 철창을 세우고,
감사는 창문을 열었다.

같은 방, 같은 시간, 같은 나였지만,
한쪽은 감옥이 되고
다른 한쪽은 수도원이 되었다.

빛이 없던 게 아니었다.
스스로 어둠을 택했을 뿐이었다.

세상이 나를 버린 것이 아니라
내가 세상을 다르게 읽지 못했던 것이다.

이제 나는 안다.
삶은 어디에 있느냐가 아니라
어떻게 바라보느냐에 달렸다는 것을.

감옥조차,
감사의 눈으로 보면,
기도의 공간이 된다.

해설 감사는 감옥을 기도의 방으로 바꾼다.
삶은 어디에 있느냐가 아니라 어떻게 바라보느냐에 달려 있다.

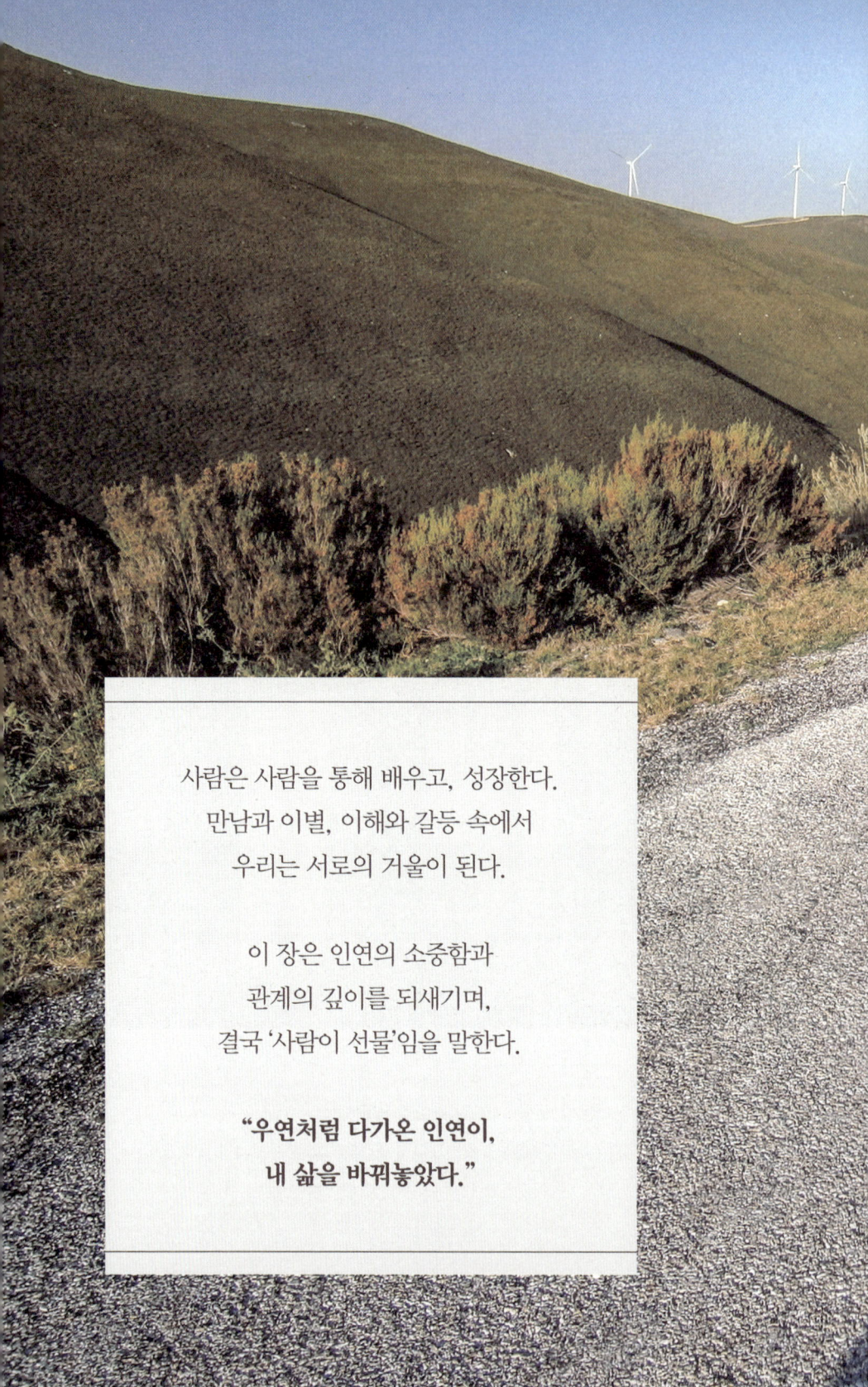

사람은 사람을 통해 배우고, 성장한다.
만남과 이별, 이해와 갈등 속에서
우리는 서로의 거울이 된다.

이 장은 인연의 소중함과
관계의 깊이를 되새기며,
결국 '사람이 선물'임을 말한다.

"우연처럼 다가온 인연이,
내 삶을 바꿔놓았다."

제5장

사람이
길이다

인연이라는 기적

우연처럼 다가온 사람이
운명처럼 내 삶을 바꿔놓기도 한다.

처음엔 아무 뜻 없이 시작된 인연이
시간이 흐르며
가장 소중한 이름이 되었다.

기대하지 않았던 사람의 손길에
삶이 구겨진 날,
따뜻한 위로가 깃들기도 했다.

인연은
만나려 애쓴다고 오는 게 아니고,
오라고 해서 머무는 것도 아니다.

그저 때가 되면
하늘이 보내는
작은 기적이다.

해설   인연은 노력보다도 때가 만든다.
       기적처럼 찾아와 삶을 바꾸고 사라진다.

허물 너머의 진심

누구에게나
말하지 못한 사연,
잘못 걸은 발자국이 있습니다.

그것만 보고
사람을 단정한다면
우리는 누구도
사랑할 수 없습니다.

허물은
진심을 배우는 기회입니다.

어느 날,
상처 너머 작은 진심 하나를
보았을 때,
나는 알았습니다.

사람은
실수 너머에도
빛나는 마음을
품고 있다는 것을.

.

해설	사람은 허물로만 판단할 수 없다. 그 너머에 있는 진심을 볼 줄 아는 눈이 사랑이다.

제5장_ 사람이 길이다

인연의 길 위에서

모든 만남은
인연이었다.

바람처럼 와서
구름처럼 스러진 인연,
고운 인연도,
미운 인연도

머물다 간 자리에
그저 감사할 뿐이다.

누구나
아픔 없이 살 수는 없다.

피할 수 없다면
그 고통마저 품는다.

누군가는
먼저 웃어야 한다면,
내가 먼저
따뜻한 얼굴로 시작한다.

세상은
남이 바꾸는 곳이 아니라
내가 먼저 따뜻해지는 곳이다.

인연은 그렇게
내 마음에서 넓어진다.

> 해설　인연은 내가 먼저 따뜻해질 때 넓어진다.
> 　　　세상은 바뀌는 게 아니라, 바라보는 내가 바뀌는 것이다.

오늘 내게 온 당신

사람은
기다린다고
오는 게 아니었습니다.

원한다고
머무는 것도 아니었습니다.

오늘,
당신이
내 앞에 와 있다는 것

그 자체가
작은 기적이고,
소중한 이유입니다.

우리가 나누는 말,
함께 걷는 침묵,
스쳐 지나는 눈빛 하나도
다시는 돌아오지 않을
단 한 번의 순간입니다.

그래서 나는
당신 앞에서
진심을 다해 머뭅니다.

오늘 내게 온 당신은
오늘이 지나면
다시는 오지 않을
하루의 선물입니다.

해설　사람은 기다린다고 오는 것이 아니다.
　　　오늘 내게 온 인연은 그 자체로 선물이다.

나는 없고, 인연만 있다

나는 없다.
거울 속 나도, 이름 석 자도
인연 따라 일어난
파도일 뿐.

슬픔이 와 머물고
기쁨이 스쳐간 순간조차
스스로 일어난 것은
하나도 없었다.

꽃이 피고
달이 기우는 일조차
모두 만남과 조건의 춤.

너라는 존재도
나라는 생각도

끝없는 인연의
실타래일 뿐이다.

그러니
슬퍼 말라, 무너질 것도 없다.

기뻐하라,
모든 것은 지나간다.

나는 없다.
그래서 모두가 나다.

이 공허한 충만 속에서
평화가 피어난다.

> 해설　나는 없고, 인연만 있다.
> 　　　무아의 자각 속에 진짜 평화가 피어난다.

생명

오늘도
하루가 조용히 시작된다.

해가 뜨고
해가 지면
하루는 피었다가
고요히 접힌다.

우리의 숨결도
들이쉴 때
생명이 시작되고,
내쉴 때
또 하나의 생이 마감된다.

숨 하나에
삶과 죽음이 오가고,

그 사이로
끝없는 생각이
물결처럼 흐른다.

이 조용한 반복 속에서
우리는
매 순간
다시 태어난다.

> 해설　숨 하나에 삶과 죽음이 있다.
> 　　　이 반복 속에서 우리는 매 순간 새롭게 살아난다.

오늘의 다짐

올 때는 몰랐지만
갈 때는
감사로 떠나고 싶다.

내가 걸은 삶,
사랑했고
때로는 후회했지만
결국엔 배웠다.

내 자리가
누군가에게
기쁨과 빛이 되기를 바란다.

다툼은 벽을 세우고
원한은 그 벽을 더욱 높인다.
용서만이
그 벽을 허문다.

용서는 약함이 아니다.
나를 자유롭게 하는
강한 자의 선택이다.

그러니
오늘 하루,
이 말로 시작하자.

"미움보다 이해를,
원한보다 용서를."

> 해설   용서는 약함이 아니라 자유를 선택하는 용기다.
> 오늘 하루, 미움보다 이해를 먼저 꺼내자.

다름을 껴안을 때

꽃은 자기 계절에 핀다.
봄에 피는 꽃도,
가을에 피는 꽃도 있다.

물은 자기 길로 흐른다.
곧은 물줄기도,
돌아가는 물길도 있다.

사람도 마찬가지다.
누군가는 말을 잘하고,
누군가는 깊이 듣는다.

누군가는 멀리 보고,
누군가는 곁을 살핀다.

다르고
틀렸다고 말하지 않기.

다름을 바꾸려 하기보다
듣고, 배우고, 품는 사람이 되자.

겸손이란
자기 말보다
남의 말에 먼저 귀 기울이는 마음.

세상은
같은 이가 많을수록 좁아지고,
다른 이가 많을수록 넓어진다.

다름을 껴안을 때,
우리는 서로를 완성해 간다.

> 해설 다름은 틀림이 아니라 가능성이다.
> 서로를 품을 때 우리는 함께 성장한다.

함께여서 다행입니다

두 사람이 만나
한 길을 걷기 시작한 날,

그날의 약속은
오늘도 조용히 빛납니다.

서툴렀던 날도
힘들었던 날도

함께였기에
모두 사랑이 되었습니다.

당신과 함께여서
참 다행이고,

앞으로도 함께여서

참 든든합니다.

| 해설 | 함께한 시간이 사랑이 되었고, 오늘도 마음을 지탱한다. 지금 곁에 있다는 사실이 가장 큰 위로다. |

우리에게 가장 소중한 것은

가장 소중한 것은
눈에 보이지 않는다.

사람과 사람 사이
조용히 피어나는
따뜻한 숨결처럼.

무엇이 되기보다
어떻게 살 것인가가
우리를 사람답게 만든다.

힘보다 인내가,
승부보다 기다림이
세상을 이끈다.

삶은
누르는 것이 아니라
함께 가는 것.

그 마음이 열릴 때
비로소 우리는
하나가 된다.

세상이 흔들릴수록
부드러움이 빛난다.

끝내 이기는 건
그런 마음이다.

해설   삶의 중심은 성취가 아닌 태도에 있다.
        조용한 인내와 따뜻한 마음이 결국 세상을 이끈다.

이 세상에 공짜는 없다

햇살이 아무렇지 않게
세상을 덮는 것 같아도,
그 찬란함은
긴 밤의 어둠을 견딘 대가다.

꽃은 그냥 피지 않는다.
뿌리는 땅속에서
보이지 않는 인내를 쌓는다.

노력 없이 얻은 건
언젠가 조용히
내 곁을 떠난다.

환한 웃음 뒤에는
참았던 눈물이 있고,
찬란한 성공 뒤에는

넘어진 날들이 있다.

누구의 미소 뒤에도
보이지 않는 싸움이 있고,
따뜻한 말 한마디에도
상처와 눈물이 담겨 있다.

그러니 감사하자.
그리고 감당하자.

값없이 오는 것은
아무것도 없으니.

해설   겉으로 보이는 아름다움 뒤엔 인내와 눈물이 있다.
           그 진실을 알기에 우리는 더 깊이 감사해야 한다.

신인류의 노래

깊은 침묵 속에서
작은 깨어남이 피어나고,
세상은 '나'가 아닌
'우리'였음을 알았다.

탐욕의 시대를 지나
이제는 마음이 중심 되는 길.

내가 웃으면
너도 빛나고,
네가 울면
나도 젖는다.

감사는 생명을 살리고,
호흡은 세상을 맑게 한다.

사랑을 선택하고
공감하는 자,
그가 신인류다.

홍익의 숨결로
공생의 노래를 심는다.

> 해설　신인류는 '나'보다 '우리'를 향해 깨어난 존재다.
> 　　　홍익의 숨결로 지구를 살리는 새로운 길을 걷는다.

겸손은 나를 낮추는 것이 아니라,
나를 바로 아는 깊이이다.
배려는 타인을 위한 선택이지만,
결국 나를 더 단단하게 만든다.

이 장에서는 인간관계의 중심에서
우리가 지녀야 할 자세인
'겸손과 배려'를 돌아본다.
진정한 마음공부는 타인을 향한
따뜻한 시선에서 완성된다.

**"조용히 낮춘 마음 하나가,
세상을 부드럽게 바꿔놓았다."**

제6장

마음의
품격을 닦다

무릎을 꿇을 수 있는 용기

진짜 강한 사람은 높은 곳에 서려 하지 않는다.
한 걸음 물러나,
기꺼이 무릎을 꿇을 줄 안다.

"나는 당신보다 못납니다."
이 단순한 말 속에
세상을 관통하는 지혜가 숨쉰다.

겸손은 약한 자의 무기가 아니다.
강한 이만이 품을 수 있는
넉넉하고 깊은 여유다.

높은 자리에 있어도
낮게 흐르는 물처럼
소리 없이 주위를 살피고,
조용히 귀를 기울인다.

겸손은 세상을 이기는
가장 고요한 지혜이고,
굳게 닫힌 마음을 여는
가장 부드러운 열쇠다.

무릎을 꿇을 때에야
비로소 보이는 세상이 있다.

그것이야말로
삶을 단단하게 지켜주는
보이지 않는 힘이다.

> 해설　겸손은 약함이 아니라 단단한 내면의 힘이다.
> 　　　무릎을 꿇을 수 있는 사람이 세상을 품는다.

진짜 적은 내 안에 있다

정상에 섰다고
모든 걸 안다 믿는 순간,
발밑이 서서히 흔들리기 시작한다.

교만은 조용히 찾아와
칭찬을 먹고 자만으로 자란다.

거울 속 나만 들여다보다
결국 길을 잃는다.

진짜 적은 바깥이 아니라
내 안의 교만이다.

겸손한 자만이
높은 곳에 오래 머무르고,

끊임없이 묻는 자만이
다음 계단을 오른다.

> 해설   진짜 적은 바깥이 아니라 내 안의 교만이다.
> 끊임없이 묻는 겸손만이 다음 단계로 이끈다.

사람의 품격

성공은 실력보다
그 사람의 품격에 달려 있다.

그리고 품격의 중심엔
늘 매너가 있다.

말과 눈빛,
태도 하나에도
그가 살아온 시간이 배어난다.

품격은 하루아침에 쌓이지 않는다.
습관과 선택이 모여
보이지 않는 얼굴을 만든다.

모든 것이 무너진 날,
진짜 '나'는
그때 비로소 드러난다.

해설   품격은 위기의 순간에 드러나는 진짜 얼굴이다.
       말과 태도, 작은 습관 속에 그 사람의 삶이 담겨 있다.

제6장_ 마음의 품격을 닦다

정직한 마음

정직은
입으로 외치는 말이 아니라
삶 깊은 곳에서 피어나는 빛이다.

거짓을 덮지 않고
실수 앞에 고개를 숙이는 용기,
그것이 진짜 정직이다.

정직한 마음엔
배려가 스며 있고
나눔은 물처럼 흐른다.

그런 삶의 자세가
결국 천국의 문을 연다.

감사하고 사랑하며,
겸손하게 살아가는
지금 이 순간,
그곳이 곧, 천국이다.

해설	정직은 말이 아니라 삶의 태도다. 그 마음에서 천국은 시작된다.

이름 없이 빛나는 삶

가장 높은 자리에 있어도
고개를 숙일 줄 아는 사람,

가장 많은 것을 가져도
먼저 내어주는 사람,

가장 슬픈 날에도
남의 아픔을 안아주는 사람,

그런 사람이 되고 싶었다.

배우기를 멈추지 않고
욕망을 다스릴 줄 아는 사람,

떠날 때를 알고
뒤돌아보지 않는 사람,

남의 허물을 덮어주고
자기 몫에 감사하는 사람,

그런 사람이고 싶었다.

남 몰래 길을 닦고
이름 없이 꽃을 심는
그의 이름은 무명(無名),

그러나 그 향기는
오래도록 남는다.

해설　이름 없는 삶이 가장 깊이 있는 향기를 남긴다.
　　　빛나되 드러나지 않는 사람이 진짜 어른이다.

남에게 잘해라

어릴 적,
"남에게 잘해라"는 어머니 말씀은
때론 가시처럼 마음을 찔렀다.

가난과 외로움 속에서도
어머니는 조용히
인간다움 하나는 놓지 않으셨지만,
나는 그 말뜻을
도무지 이해하지 못했다.

그러나 이제는 안다.
지는 듯 보여도
져주는 것이 이기는 길이라는 걸.

그 한마디 안에
홍익의 숨결이
조용히, 그러나 깊이
스며 있었음을.

해설   "남에게 잘해라"는 말 속에는
       공생과 홍익의 정신이 조용히 숨쉬고 있었다.

절실함은 겸손에서 피어난다

바람에 쓰러졌다고
그 자리에 주저앉을 수는 없다.
절실한 사람은
자존심보다 걸음을 택한다.

절실함은
내 안의 교만을 꺾고
스스로를 다시 들여다보게 한다.

그날, 송정해수욕장에서
모든 걸 내려놓고
다시 시작하겠다고 마음먹었다.

절실함은 그 순간,
나를 살리고 나를 되찾은 공부였다.

절실한 사람은
누구도 탓하지 않는다.
입을 다문 채,
다만 앞으로 걷는다.

성공은
포기하지 않은 마음에
세상이 조용히 내민 꽃 한 송이다.

해설	절실함은 교만을 꺾고 겸손을 키운다. 포기하지 않는 마음에 삶은 다시 기회를 내민다.

스스로를 칭찬하라

거울 속 당신에게
오늘 하루, 고맙다고 말해보세요.

눈 뜨고 일어나
묵묵히 하루를 걸어낸 것,
그것만으로도 참 잘한 겁니다.

작은 일 하나에도
스스로에게 말해주세요.

"그래, 오늘도 잘 버텼어."
그 말이 당신 마음에
조용한 불빛이 됩니다.

남의 칭찬보다
먼저 들어야 할 건
내 안에서 시작된 응원입니다.

실수는 흠이 아니라,
성장을 위한 걸음이고,
스스로를 안아주는 마음이
삶을 단단하게 만듭니다.

> 해설   작은 하루를 걸어낸 당신은 충분히 잘한 것이다.
> 스스로를 칭찬하는 마음이 삶을 단단하게 만든다.

사람다움을 지키는 기술

기계는 말을 배워가고,
우리는 침묵에 익숙해진다.

정보는 차고 넘치지만,
사람의 눈빛은 점점 사라져간다.

기술은 편리하지만
마음을 대신하진 못한다.

인성이 빠진 기술은
때론 칼보다 더 날카롭다.

그래서 우리는
다시 '사람'을 배워야 한다.

감사하는 말,
양보하는 몸짓,
귀 기울이는 눈빛,
조용히 손 내미는 용기.

이 작고 따뜻한 실천들이
세상을 바꾸는 진짜 기술이다.

기계가 아무리 똑똑해져도 좋다.
우리는,
사람다움을 잊지 말자.

해설   기계가 똑똑해질수록 우리는 사람다움을 더 지켜야 한다.
       작고 따뜻한 실천이 세상을 바꾸는 진짜 기술이다.

공생의 길

"널리 인간을 이롭게 하라."
그 말은 오래된 문장이 아니라
지금도 가슴에 새겨야 할
살아 있는 다짐이다.

혼자 잘살겠다는 꿈은
이미 낡은 신화가 되었고,
이젠 함께 잘살겠다는 믿음만이
세상을 다시 일으킨다.

성공은 경쟁의 종착지가 아니라,
숨을 맞춰야 완성되는 삶의 협주곡이다.

나눔은 넘칠 때가 아니라,
비어도 용기 내어 내미는 손이다.

비교보다 신뢰,
경쟁보다 협력

공생은
내가 먼저 한 걸음 물러서는 마음이다.

홍익인간,
그 철학은 먼 과거의 유물이 아니라,
미래를 밝히는 나침반이다.

이제 우리는 스스로에게 묻는다.
"어떻게 살아야 하는가?"
그리고 답한다.
"함께, 잘 살아야 한다."

해설   공생은 지금 내가 한 걸음 물러서는 마음에서 시작된다.
　　　함께 잘 사는 삶이야말로 진정한 성공이다.

마음의 자리

사람들은 늘
어디에 앉았느냐를 먼저 묻는다.

하지만 나는 묻는다.
그 마음은 어디에 머물렀는가.

자리가 높다고
마음까지 높은 건 아니다.

겉으론 낮아도
따뜻한 마음 하나로
더 깊어 보이는 사람이 있다.

높은 곳에 있어도
조용히 귀 기울이는 사람은
참으로 곱고,

낮은 곳에 있어도
넉넉히 품어주는 이는
세상을 안는다.

나는 이제 안다.
진짜 자리는 바깥이 아니라,
아무 말 없이 나를 지켜온
내 마음 가장 깊은 곳이었다.

해설　진정한 자리는 겉이 아니라, 마음이 머문 자리에 있다.
　　　따뜻함과 겸손은 지위가 아니라 내면의 품격에서 비롯된다.

조용한 위대함

높이 오르지 않아도
먼저 한 걸음 물러서며
길을 내주는 사람,
그가 진짜 위대한 사람이다.

크게 말하지 않아도
진심은 저절로 스며들고,
먼저 나서지 않아도
존중은 조용히 전해진다.

겸손은
나를 감추는 것이 아니라
있는 그대로의 나를 아는 힘이며,

배려는
남을 위한 듯 보이지만
결국, 나를 빛나게 한다.

세상의 소란 속에서
낮춘 마음 하나가
누군가의 하루를 부드럽게 바꾼다.

말보다 따뜻한 눈빛
지적보다 기다리는 침묵
그런 작고 깊은 실천들이
세상을 살린다.

지금 내가 할 수 있는 가장 큰 일은
먼저 낮추는 것,
그리고 조용히
손 내미는 것이다.

해설	진정한 위대함은 드러남이 아닌 사라짐에 있다. 스스로 낮추는 그 마음이 가장 고귀한 품격이다.

에필로그

흔들려도 괜찮다. 중심을 찾는 너는 아름답다

살다 보면 누구나 한 번쯤은 길을 잃는다.
마음이 무너지고,
세상이 낯설게 느껴지는 날도 있다.
그러나 괜찮다.
흔들린다는 건 살아 있다는 증거이며,
다시 중심을 잡는 일이야말로
마음의 주인으로 사는 길이기 때문이다.
나는 이제 안다.
마음의 주인이 된다는 것은
흔들림 없는 완벽함이 아니라,
흔들릴 때마다 '중심'을 기억하는 일이라는 것을.
넘어졌다고 실패한 것이 아니고,
무너졌다고 끝난 것도 아니다.
진짜 중요한 건

내가 어디에서 다시 일어서는가,
그리고 어떻게 나답게 걸어가는가이다.
마음은 언제나
내가 돌봐야 할 가장 소중한 나의 공간이다.
누구도 대신 살아줄 수 없고,
누구도 대신 다스릴 수 없는,
오직 나만의 우주이기 때문이다.
이 시집은
내가 흔들리며 배운 마음의 기록이며,
그 속에서 찾아낸 작은 중심의 이야기다.
이미 깨달았기 때문이 아니라,
진정한 마음의 주인이 되기 위한
여정의 일부로 남겨둔다.
삶의 굽이굽이에서 떠오른 시상들,
그때그때의 감정과 통찰,
그리고 AI 도구를 창의적으로 활용해 다듬은,
내 마음의 고백이자,
마음공부의 여정을 담은 기록이다.
어찌 보면, 일반적인 시집이라기보다는
한 편의 명상집이라고 볼 수도 있다.
그래서 지금, 길 위에 선 당신에게 전하고 싶다.

"흔들려도 괜찮다.
다시 중심을 잡는 그 순간,
너는 이미 마음의 주인이다."

이제, 그 마음으로
조금 더 나답게, 조금 더 단단하게
한 걸음 내디뎌라.
우리의 길은 계속된다.
그리고 그 길의 끝에서,
나는 이렇게 고백한다.

수많은 감정이
파도처럼 밀려오는 날에도,
나는 물결이 아닌
바다를 보기로 했다.

외부의 소란에 흔들리던 마음을
조용히 들여다보며
나는 물었다.

"지금, 이 마음은 누구의 것인가?"

비교와 불안을 내려놓고
감사와 사랑으로 채워갈 때,
마음은 서서히
주인을 찾아간다.

누가 내 삶을 대신 살아줄 수 없듯,
내 마음도
누구도 대신 다스릴 수 없다.

흔들리는 세상 속에서도
조금씩 나를 알아가는 여정,
그 길의 끝에서
나는 비로소
나답게 살고 있었다.

출간후기

"쓰러져도 다시, 내 마음의 주인으로"

권선복 | 도서출판 행복에너지 대표이사

책을 만들다 보면, 그 안에 담긴 삶의 무게가 제 가슴까지 전해지는 순간이 있습니다. 『마음의 주인이 되는 길』이 바로 그런 시집입니다.
수많은 좌절과 긴 기다림을 견디고 마침내 다시 일어난 한 사람의 이야기, 그 결연한 걸음이 제 마음을 깊이 울렸습니다.

공병영 총장님의 청춘은 끊임없는 도전과 쓰라린 실패의 연속이었습니다. 고시에 합격하면 모든 것이 달라질 것이라 믿었지만, 번번이 마주한 불합격 통지는 그의 어깨를 무겁게 했습니다.
그러나 마지막이라 다짐한 어느 날, 그는 마음을 고요히

가다듬었고, 마침내 '합격'이라는 두 글자를 손에 넣었습니다. 하지만 그 기쁨 뒤에는 쉽게 설명할 수 없는 공허함이 찾아왔습니다.

그때부터 그는 '마음공부'라는 새로운 길을 걸었습니다. 내면을 들여다보고 욕심을 내려놓으며, 실패를 겸손으로, 결핍을 감사로, 인연을 기적으로 바꾸었습니다.

그 길 위에서 피어난 생각과 마음이, 시라는 꽃이 되어 이 시집 속에 담겼습니다.

이 시집이 독자님께 전하는 메시지는 분명합니다. 길이 아무리 멀고 험해도, 다시 일어서는 순간 인생은 달라집니다. 마음의 주인이 되는 순간, 그 길은 이미 희망으로 물들어 있습니다.

저는 이 시집이 독자 여러분의 마음속에 오래 머물기를 바랍니다. 혹시 길을 잃었다 느껴질 때, 이 시집의 한 페이지가 다시 일어서는 힘이 되기를 소망합니다.

그리고 부디, 이 시집을 덮는 마지막 순간에는 스스로에게 이렇게 말할 수 있기를 바랍니다.

"이제 나는, 내 마음의 주인으로 살아간다."

좋은 원고나 출판 기획이 있으신 분은 언제든지 행복에너지의 문을 두드려 주시기 바랍니다.
ksbdata@hanmail.net　　http://www.happybook.or.kr　　문의 ☎ 010-3267-6277

'행복에너지'의 해피 대한민국 프로젝트!

〈모교 책 보내기 운동〉〈군부대 책 보내기 운동〉

한 권의 책은 한 사람의 인생을 바꾸는 힘을 가지고 있습니다. 한 사람의 인생이 바뀌면 한 나라의 국운이 바뀝니다. 그럼에도 불구하고 많은 학교의 도서관이 가난하며 나라를 지키는 군인들은 사회와 단절되어 자기계발을 하기 어렵습니다. 저희 행복에너지에서는 베스트셀러와 각종 기관에서 우수도서로 선정된 도서를 중심으로 〈모교 책 보내기 운동〉과 〈군부대 책 보내기 운동〉을 펼치고 있습니다. 책을 제공해 주시면 수요기관에서 감사장과 함께 기부금 영수증을 받을 수 있어 좋은 일에 따르는 적절한 세액 공제의 혜택도 뒤따르게 됩니다. 대한민국의 미래, 젊은이들에게 좋은 책을 보내주십시오. 독자 여러분의 자랑스러운 모교와 군부대에 보내진 한 권의 책은 더 크게 성장할 대한민국의 발판이 될 것입니다.

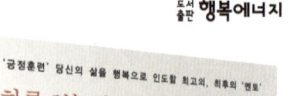

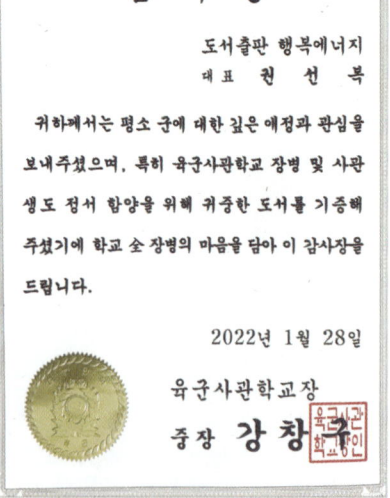